나의 꿈을 찾아 떠나는
다양한 직업의 세계 150

세상의 모든 직업

글 하나 모크로쇼바 외 | 그림 엘레나 포카레바 | 번역 송선인

차례

다양하고 놀라운 직업의 세계 · 4

컴퓨터를 좋아하는 사람을 위한 직업 · 6

자동차나 **비행기** 등 **탈것**을 좋아하는 사람을 위한 직업 · 10

우주를 좋아하는 사람을 위한 직업 · 14

탐험과 **연구**를 즐기는 사람을 위한 직업 · 18

책과 **글쓰기**를 좋아하는 사람을 위한 직업 · 22

그리기와 **만들기**를 좋아하는 사람을 위한 직업 · 26

손재주나 **창의력**이 뛰어난 사람을 위한 직업 · 30

음악을 사랑하는
사람을 위한 직업 · 34

스타가 되고 싶은
사람을 위한 직업 · 38

동물을 사랑하는
사람을 위한 직업 · 42

자연을 아끼고 사랑하는
사람을 위한 직업 · 46

다른 사람을 돕고 싶은
사람을 위한 직업 · 50

사람들과 **만나는 것**을 좋아하는
사람을 위한 직업 · 54

요리와 **음식**을 좋아하는
사람을 위한 직업 · 58

찾아보기 · 62

일러두기
이 책에 나오는 직업 이름은 고용노동부와 한국고용정보원이 운영하는 공식 사이트 워크넷(www.work.go.kr),
국립국어원 표준국어대사전 등을 참고하여 번역했으며, 일부 직업에 대한 내용은 우리나라 상황에 맞게 수정했습니다.

다양하고 놀라운 직업의 세계

여러분은 어떤 일을 좋아하나요?

우리는 모두 좋아하는 일이 있어요. 어떤 친구는 운동을 좋아하고, 어떤 친구는 책 읽기를 좋아하지요. 노래 부르기를 좋아하는 친구도 있고요. 그런데 어떤 친구에게는 지루한 일이 다른 친구에게는 신나는 일이 될 수도 있어요. 한마디로 모든 사람에게는 좋아하고 관심 있는 분야가 따로 있답니다. 그리고 좋아하는 일은 어른이 되어 직업을 선택할 때 큰 영향을 끼치지요.

꿈을 이루려면 열심히 노력해야 해요

여러분이 진심으로 어떤 일을 좋아한다면, 그 일에 온 마음을 다해 노력할 가치가 있어요. 하지만 그 일을 직업으로 가지려면 무척 어려운 과정이 필요할 수도 있어요. 예를 들어 수의사는 동물에 대해 아주 자세하게 알고 있어야 해요. 일단 수의사가 되려면 공부를 많이 해야 하고, 어려운 시험도 통과해야 하지요. 하지만 진짜로 수의사가 되어 아픈 동물을 치료해 준다면 정말 기쁘고 행복할 거예요!

간직한 꿈을 이루는 것은 중요해요

어른이 되면 자기가 하는 일이 더 이상 하기 싫어질 수도 있어요. 사람은 계속해서 새로운 흥미를 찾으려고 하거든요.
멋진 아이스크림 가게를 차리는 게 꿈인 회사원이 그 꿈을 펼치기 위해 회사를 그만두고 아이스크림 가게를 여는 일은 충분히 일어날 수 있어요.
그 가게의 아이스크림은 단지 돈만 벌기 위해 파는 아이스크림보다 훨씬 맛있을 거예요! 물론 파는 사람도 행복하겠죠.

좋아하는 일은 선택의 폭을 넓혀 줘요

음악을 좋아하는 사람이 반드시 뛰어난 가수가 되는 건 아니에요. 그렇다고 음악 자체를 포기할 필요는 없어요. 음악 관련 직업은 많고, 그 가운데 그 사람이 잘할 수 있는 일이 있을 거예요. 예를 들어, 노래를 작곡하는 작곡가가 될 수도 있고, 관객들이 콘서트를 최대한 즐길 수 있게 돕는 음향 엔지니어가 될 수도 있어요.
모든 직업은 세상에 꼭 필요해요. 다른 사람에게 기쁨을 주는 역할을 하니까요!

여러분이 꿈꾸는 직업을 알아봐요

여러분은 커서 어떤 직업을 갖고 싶나요? 이런 질문을 많이 받아 봤을 거예요. 대부분 선생님, 연예인, 의사, 경찰관 등의 잘 알려진 직업을 얘기해요. 요즘에는 유튜버라고 대답하는 친구도 많고요. 하지만 세상에는 여러분이 생각지도 못한 직업이 정말 많이 있답니다.
자, 그럼 지금부터 다양한 직업의 세계를 함께 알아볼까요?

컴퓨터를 좋아하는 사람을 위한 직업

창의적인가요?
하얀색 도화지보다 컴퓨터로 그림 그리기를 좋아하나요?

컴퓨터에 대해 잘 알고, 컴퓨터에 문제가 생기면 스스로 해결할 수 있나요?

프로그래밍을 좋아하나요?
컴퓨터용 언어에 익숙한가요?

나중에 이런 일을 할 수 있어요

- 재밌는 컴퓨터 게임 만드는 일
- 블록버스터 영화 음악을 편집하는 일
- 스마트폰에서 사용하는 앱 만드는 일
- 절벽과 폭포가 있는 멋진 풍경을 컴퓨터로 그려 내는 일
- 해커의 공격으로부터 개인이나 기업의 컴퓨터를 보호하는 일

컴퓨터 프로그래머

컴퓨터가 이해할 수 있는 언어를 사용해서 각종 컴퓨터 프로그램을 만들고, 테스트하는 일을 해요. 컴퓨터에 대한 지식이 많아야 하고, 컴퓨터용 언어도 능숙하게 써야 하지요.

시스템 운영 관리자

회사에 설치되어 있는 컴퓨터 정보 시스템을 관리하는 사람이에요. 컴퓨터와 소프트웨어에 대해 잘 알아야 하고, 직원들이 원활하게 일할 수 있도록 각종 서비스를 지원하지요.
직원들은 컴퓨터에 문제가 생기면 바로 시스템 운영 관리자에게 도움을 요청해요. 그러면 전화로 조언을 해 주거나, 직접 찾아와 문제를 해결해 주지요. 보통은 이런 말을 자주 해요.
"혹시 컴퓨터를 껐다가 다시 켜 봤나요?"

컴퓨터 그래픽 애니메이터

영화관에서 생동감 넘치는 애니메이션을 볼 수 있는 건, 컴퓨터 그래픽 애니메이터 덕분이에요. 이들은 컴퓨터 그래픽으로 캐릭터와 사물, 글자가 화면에서 자유롭게 움직이게 만들어 주지요. 때로는 캐릭터를 직접 그리기도 하고, 캐릭터 인형 사진을 여러 장 찍고 이어 붙여서 움직이게 만드는 작업도 해요.

웹 디자이너

기업이나 개인을 위해 멋지고 깔끔하며 사용이 편리한 웹 사이트를 디자인해요.

정보 보안 전문가

적들한테서 우리를 지켜 주는 군인처럼, 정보 보안 전문가는 적으로부터 우리의 중요한 정보를 지켜 줘요. 이들의 무기는 총이 아니라 컴퓨터와 프로그램에 대한 지식이죠.

네트워크 관리자

기업이나 기관에서 사용하는 인터넷 통신망을 효과적으로 운영하고 관리하는 사람이에요.

게임 개발자

사람들이 좋아하는 컴퓨터 게임이나 모바일 게임을 만들어요.

3D 지도 개발자

우리가 네비게이션이나 스마트폰 지도를 사용할 수 있는 건 3D 지도 개발자들 덕분이에요. 이들이 실제 공간을 디지털 환경에서 재현해 놓았기 때문에, 우리는 언제 어디서든 특정 지역에 대한 정보를 얻을 수 있어요.

앱 개발자

컴퓨터나 스마트폰에서 사용하는 앱을 만들어요. 앱에 문제가 생기면 고치는 일도 하지요.

사운드 디자이너

영화나 게임에 들어가는 음악은 물론, 휴대 전화나 자동차에 필요한 모든 음악과 소리를 만들어 내는 것도 사운드 디자이너의 일이에요.

인플루언서

인스타그램이나 페이스북 같은 소셜 미디어에 사진이나 동영상, 글을 올려 많은 사람들에게 영향력을 끼쳐요. 인플루언서의 영향력은 생각보다 막강하답니다.

자동차나 비행기 등 탈것을 좋아하는 사람을 위한 직업

움직이는 장난감을 좋아하나요?

하늘 높이 올라가도 무섭지 않나요?

멀리 여행하는 것을 좋아하나요?

나중에 이런 일을 할 수 있어요

• 망가진 자동차를 수리하는 일

• 춤추는 로봇을 디자인하고 만드는 일

• 좋아하는 자동차 경주팀이 우승할 수 있도록 돕는 일

• 도로를 만들고 마을 전체를 건설하는 일

• 다른 사람이 자동차를 살 때 가장 어울리는 차를 고를 수 있게 도와주는 일

항공기 조종사

비행기나 헬리콥터, 전투기 등 하늘을 나는 여러 운송 수단을 조종해요. 항공기 조종사가 되려면 아주 어려운 시험을 반드시 통과해야 한답니다. 비행기에 대한 지식은 물론, 물리학과 공학, 조종법에 대해서도 잘 알아야 하지요. 무엇보다 어떤 상황에서도 흔들리지 않는 강한 정신력이 필요합니다.

선장

배의 항해를 책임지고 승무원들을 이끌어요. 배의 안전한 항해는 모두 선장의 손에 달려 있답니다. 항해 전문가이자 날씨 전문가인 선장은 국제법에 대해서도 많이 알고 있어요. 다른 나라의 바다를 돌아다니려면 국제법을 꼭 지켜야 하거든요.

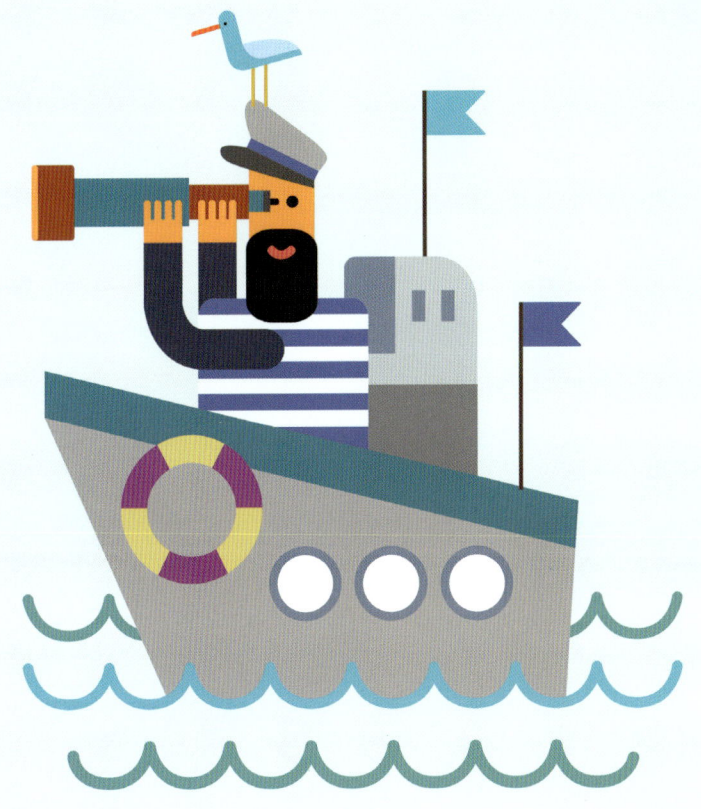

철도 기관사

철도 기관사는 기차나 지하철의 선장이라고 할 수 있어요. 기차의 맨 앞에서 운전하면서, 혹시 일어날지 모르는 사고에 대비해 늘 조심하지요. 앞에 보이는 철로를 주의 깊게 살피며 위험한 것은 없는지, 기차가 제대로 운행되고 있는지 확인합니다.

정비사

크고 작은 기계의 상태를 점검하고 고치는 일을 해요.
자전거 정비사, 자동차 정비사 등이 있어요.

로봇 설비 엔지니어

공장에서 일하는 로봇이 잘 작동하는지 점검하고
고장난 부분은 수리해요.

자동차 영업원

고객에게 어떤 자동차가 어울리는지
추천해 주고 판매하는 일을 해요.
자동차에 대한 전문 지식이 풍부하며,
자동차 종류를 잘 알아야 해요.

자동차 경주 미케닉

자동차 경주 선수들이 빠르고 안전하게
경기할 수 있게 경주용 자동차를
관리하고 수리하는 일을 해요.
이들은 마치 축구팀의 주치의 같은
역할을 하지요. 미케닉은 '정비공'
이라는 뜻이에요.

항공 교통 관제사

공항 관제탑에서 항공기 조종사와 소통하며, 비행기가 활주로와 하늘에서 원활하고 안전하게 날 수 있게 도와줘요.

자동차 디자이너

사물을 아름답게 바라보는 눈과 상상력으로 새로운 자동차 디자인을 창조해요. 물론 자동차의 기능성 또한 충분히 고려하지요.

굴삭기 기사

건설 현장에서 굴삭기를 운전하며 땅을 파거나, 파낸 것을 옮겨요. 다른 건설 근로자들과 함께 도로, 공원, 수영장 등을 만들기도 하지요.

항공기 정비사

공항에서 일하면서 비행기의 상태를 점검하고, 고장난 곳을 수리해요.

 우주를 좋아하는 사람을 위한 직업

아무도 하지 못한 일을 해내고 싶나요?

수학과 물리학을 좋아하고, 인내심이 뛰어나다는 말을 듣나요?

직접 만든 장난감 로켓이 우주를 나는 상상을 한 적이 있나요?

나중에 이런 일을 할 수 있어요

- 우주에서 새로운 생명체를 발견하는 일
- 우주를 탐사하는 일
- 아이들에게 과학에 흥미를 키워 주는 일
- 성능이 뛰어난 우주 로켓을 만드는 일
- 우주 통신 기술로 우주 비행선과 지구를 연결하는 일

우주 비행사

우주 탐험을 하기 전, 우주 비행사는 아주 어려운 훈련을 반드시 완수해야 해요. 이들은 용감하고 침착해야 하며, 임무를 수행하는 동안 발생하는 기술적인 문제도 해결할 줄 알아야 하지요. 따라서 체력이 좋아야 하고 공학에 대한 지식이 풍부해야 해요. 수많은 별과 행성들 사이에서 우주 비행사는 인류를 대표하는 존재랍니다.

천문학자

지구에서 우주를 관찰하고 연구해요. 이들은 상상조차 힘든 머나먼 거리를 관찰하기 위해 최첨단 기술을 사용하지요. 심지어 우주의 진화를 연구하면서 지구의 진화 과정을 밝혀내기도 한답니다! 게다가 연구를 바탕으로 앞으로 지구에 어떤 변화가 생길지 예측할 수도 있어요.

로켓 공학자

우주를 탐험하는 탐사선이나 인공위성을 쏘아 올릴 때 필요한 로켓을 디자인하고 만들어요. 물리학과 우주에 대한 지식이 풍부해야 하지요. 이들은 새롭게 만든 로켓이 안전하고 성능이 뛰어난지 다방면으로 검토해요. 또 첨단 재료를 사용해 보는 것에 즐거움을 느끼지요.

우주 식량 연구원

우주 비행사들이 우주 공간에서 건강하고 맛있는 식사를 할 수 있도록 우주 식량을 만들어요. 우주 식량은 대부분 튜브나 통조림, 진공팩 등에 넣어서 공급한답니다.

우주 생물학자

지금까지 알려지지 않은 우주 생명체를 찾기 위해 연구해요. 생명체의 신비를 밝히기 위해 때로는 지구 구석구석을 탐험하기도 하지요.

우주복 디자이너

우주 비행사들이 입는 우주복은 안전하면서도 편안해야 해요. 그래서 우주복 디자이너들은 더 뛰어난 우주복을 만들기 위해 언제나 노력해요.

과학관 해설사

천문 과학관이나 천문대, 천체 투영관 같은 곳에서 일해요. 관람객들에게 우주에 대한 풍부한 지식을 재미있게 설명해 주지요.

로켓 기술자
로켓이 우주 탐사를 안전하게 수행할 수 있을지 확인하기 위해 실제 로켓이나 로켓 모형을 시험하고 점검해요.

천체 관측가
고성능 망원경으로 우주를 이루고 있는 태양과 달, 행성, 성단, 운석 등을 관측하고 분석해요.

인공위성 개발자
인공위성을 연구하고 만드는 일을 해요. 인공위성은 통신 장비나 날씨 예측, 우주 탐험 등 여러 분야에 폭넓게 쓰이지요. 심지어 어떤 인공위성은 다른 나라를 몰래 감시하기도 해요.

미국 항공우주국 직원
미국 항공우주국은 흔히 '나사(NASA)'라고 불러요. 미국의 우주 개발에 대한 모든 일을 맡고 있는 국가 기관으로, 우주를 관측하며 우주선을 만들고 발사하지요. 우주 비행사들을 양성하는 일도 해요. 많은 나라의 우주 연구자들이 가고 싶어 하는 곳이에요.

탐험과 연구를 즐기는 사람을 위한 직업

호기심이 많고 어려운 문제 푸는 것을 좋아하나요?

모험을 떠나고 싶어서 가슴이 두근거리고, 모험을 위해서라면 흙과 먼지를 뒤집어써도 괜찮나요?

생명체가 무엇으로 이루어져 있는지 궁금한가요?

나중에 이런 일을 할 수 있어요

- 공룡 뼈를 발굴하는 일
- 새로운 약을 개발하는 일
- 건강한 지구를 지키기 위해 애쓰는 일
- 유전의 비밀을 알아내는 일
- 앞으로 10년 동안 얼마나 많은 생명이 탄생할지 계산하는 일

고고학자

모험심이 많은 이들은 주로 땅속 깊은 곳에 묻힌 역사 유물을 발굴해요. 보통 오래된 건물이나 물건, 사람 뼈나 동물 뼈를 발견하기 위해 힘쓴답니다. 때로는 역사 연구를 위해 이집트의 피라미드나 아즈텍의 무덤을 탐험하러 가기도 하지요. 그렇게 발견한 유물들은 전 세계의 박물관이나 금고에 보관됩니다.

화학자

화학자는 세상의 모든 사물이 고유한 특성을 가지게 하는 원자와 분자, 그리고 미세한 혼합물로 이루어져 있다는 것을 아주 잘 알아요. 이들은 더 많은 것을 알아내기 위해, 실험실에서 실험과 관찰을 반복하지요. 화학자는 폭넓은 분야에서 활동해요. 의학과 공학, 생물학은 물론 화장품과 섬유 업계에서도 활약하지요.

과학 수사관

범죄 수사를 담당하는 경찰 가운데 하나로, 범죄 현장을 기록하고 사건의 실마리를 찾아요. 범인의 정체를 빠르고 정확하게 밝힐 수 있도록, 정밀한 장비를 사용해서 범죄 현장의 사진을 찍지요.

약학 연구원

의약품이나 특정 물질이 사람이나 동물에게 어떤 영향을 미치는지 연구해요.

신재생 에너지 연구원

지구의 건강을 지키기 위해 꼭 필요한 직업이에요. 태양광이나 풍력, 수력 등 화석 연료를 대신할 에너지를 연구하고 개발해요.

해양학자

넓고 광활한 미지의 세계, 바다와 바다 생물에 대한 모든 것을 연구하는 직업입니다.

임상 병리사

환자의 혈액이나 소변, 신체 조직 등을 채취해서 여러 가지 검사를 진행해요. 검사 결과를 바탕으로 의사와 상의해서 환자의 건강 상태나 병명을 알아내지요.

역사학자

과거를 연구하는 사람이에요. 인간의 역사에 대해 가능한 많은 것을 밝혀내고, 역사가 우리의 삶에 어떤 영향을 주었는지를 알아내는 게 역사학자의 일이지요.

고생물학자

화석을 통해 수백만 년 전 지구에 살았던 생명체를 연구해요.

유전학자

현미경을 통해 사람과 동물, 식물 등 모든 생명체의 유전자를 탐구해요. 각각의 유전자에는 그 종의 특징과 근원에 대한 정보가 들어 있지요.

통계학자

뛰어난 수학 지식을 활용해서 논리적이고 정밀하게 데이터를 분석해요.

 책과 글쓰기를 좋아하는 사람을 위한 직업

책이나 서점에서 맡을 수 있는 책 냄새를 좋아하나요?

머릿속이 기발한 생각과 아이디어로 꽉 차 있나요?

흥미로운 사실이나 지식을 사람들에게 전달하고 싶은가요?

나중에 이런 일을 할 수 있어요

- 어려운 과학을 책으로 쉽게 알려 주는 일
- 블록버스터 영화를 구상하는 일
- 어린 아이들이 책과 사랑에 빠지도록 이끌어 주는 일
- 동물 보호소에서 동물을 입양하는 것이 좋다고 알리는 일
- 사람들에게 웃음을 주는 재치 있는 문장을 지어내는 일

작가

완전히 새로운 이야기를 만들어 내거나
어려운 지식을 재밌게 풀어서 써요.
시나 연극 대본을 쓰는 작가도 있지요.
작가는 눈부신 상상력과 뛰어난 글솜씨를 가진
사람이 많아요. 유명한 작가들은 책을 소개하거나
독자들과 책 이야기를 나누기 위해 전 세계를
돌아다니기도 한답니다.

서점 주인

책을 아주 좋아하는 사람이 많아요. 출판사에서 책을 주문하고,
그 책을 어떤 식으로 진열할지 세심하게 고민하지요.
가장 많이 팔리거나 독자에게 추천하고 싶은 책을 잘 보이는
곳에 진열하고, 작가와의 만남이나 도서 낭독회 등
여러 행사를 열기도 한답니다.

기자

우리 사회에서 일어나는 여러 일을 알리는
직업이에요. 신문, 잡지, 방송을 통해서 말이죠!
기자는 사람의 마음을 끌고 설득력 있는 글을 쓸 줄
알아야 해요. 때로는 정치인이나 전문가를 즉석에서
인터뷰해서 정보를 얻어 내는 일도 하지요. 따라서
수줍음이 많은 사람에게는 쉽지 않은 직업일 수도
있어요.

사서

도서관에서 책을 분류하고 관리해요. 독자들에게 책을 빌려 주고 돌려받는 일도 하고요. 때로는 도서관에서 열리는 문화 행사를 기획하기도 한답니다.

출판 편집자

새로운 책이 만들어지기까지 모든 과정을 담당하고 책임지는 사람이에요. 언어 감각과 창의력이 뛰어난 사람이 많지요.
작가와 일러스트레이터, 출판 디자이너 및 홍보 부서와 협력하여 책을 만들어요.

대본 작가

영화나 드라마, 예능 프로그램 등 다양한 영역에서 활약해요. 이야기와 상황, 대사를 생각해 내며 대본을 쓰지요.

카피라이터

광고나 홍보 자료의 문구를 작성하는 사람이에요. 광고가 최대한 많은 사람의 눈길을 끌 수 있도록 창의적인 아이디어를 떠올려야 하죠.

파워 블로거

블로그에 자신의 경험과 의견, 또는 새로운 소식에 대한 글을 써요. 보통은 그 분야에 전문성이 있어야 인기 있는 블로그로 거듭나지요. 수많은 사람들이 찾는 블로그를 운영하는 파워 블로거의 영향력은 막강하답니다.

카드 문구 작가

새해 연하장, 생일 축하 카드 등 기념일 카드에 들어가는 짧은 글을 짓는 일을 해요.
한 줄의 글로 진심을 전할 수 있어야 하지요.
이색 직업으로 우리나라보다는 해외에 더 많아요.

번역가

책이나 영화, 기사 등을 한 언어에서 다른 언어로 옮기는 일을 해요. 다른 언어로 옮겼을 때에도 원래의 글과 내용이 같고 읽기 쉬우며 사람들의 마음을 움직여야 하지요. 따라서 언어 구사 능력이 굉장히 뛰어나야 해요.

교정자

글에서 맞춤법과 문법의 오류를 발견하고 수정하는 사람이에요. 사람들이 좀 더 편안하고 정확하게 글을 읽게 해 주지요.

그리기와 만들기를 좋아하는 사람을 위한 직업

미적 감각이 뛰어나서 친구에게 옷을 코디해 주거나 예쁘게 화장해 주는 것을 좋아하나요?

나중에 이런 일을 할 수 있어요

- 낡고 부서진 진열장을 새것처럼 고치는 일

- 결혼식을 앞둔 신부를 세상에서 가장 아름답게 꾸며 주는 일

- 세상을 구하는 멋진 영웅이 등장하는 만화를 그리는 일

- 책의 표지를 멋지게 만드는 일

- 대본을 바탕으로 연극 무대를 멋지게 꾸미는 일

말이나 글보다 그림으로 자신을 더 잘 표현하나요?

참신하고 기발한 아이디어가 넘쳐 흐르나요?

화가

화가의 작품 세계는 무궁무진해요. 다양한 도구와 예술 기법을 자유자재로 사용하며 표현하고 싶은 것을 그림으로 완성하지요. 종종 아이디어 단계에서 간단한 스케치를 하고, 그것을 바탕으로 뛰어난 작품을 완성하기도 해요. 갤러리나 길거리, 또는 책 속에서 화가의 작품을 만나 볼 수 있답니다.

분장사

영화 제작 현장이나 극장, 콘서트장의 무대 뒤에서 일해요. 배우가 맡은 역할로 보이도록 변신시키는 것이 분장사의 일이랍니다. 분장사들은 화장품과 부분 가발, 염색약, 그 밖에 다른 도구들을 사용해서 배우의 머리카락 색이나 피부색, 나이 등을 자유자재로 바꿀 수 있어요. 심지어 동화 속 요정이나 괴물로 변신시킨답니다.

디자이너

우리 주변의 수많은 사물과 건물 등을 새로운 형태로 바꾸는 것이 디자이너의 일이에요. 대중교통 시설을 새롭게 재창조하기도 하고, 실내를 멋지게 꾸미고, 귀여운 소품을 만드는 일을 하지요. 타고 싶은 자동차나 먹고 싶어지는 과자 상자를 디자인하기도 하고요. 심지어 게임 속 세계를 멋지게 창조하는 것도 디자이너의 일이랍니다.
이처럼 다양한 분야에서 활동하는 디자이너들은 뛰어난 상상력과 미적 감각이 있어야 해요.

복원 전문가
오래되거나 훼손된 미술품이나 문화재를 복원하는 일을 해요. 굉장히 섬세하고 전문적인 기술이 필요하지요.

일러스트레이터
책이나 광고, 제품 등에 들어가는 멋진 그림을 그리는 사람이에요.

북 디자이너
책의 표지와 본문을 디자인해요. 책의 표지는 책 내용을 담아내면서도 독자의 눈길을 끌어야 하지요.

캘리그라퍼
책과 기념일 카드, 포스터, 광고에 들어가는 글자를 아름답게 쓰는 사람이에요. 종종 새로운 글씨체를 만들어 내기도 하지요.

타투이스트

날카로운 도구로 사람들의 몸에 그림을 그려요.
고객들이 자신의 관심과 소망을 나타내는 디자인을
고르면 타투이스트가 몸에 새겨 주지요.
우리나라보다는 외국에서 더 활발한 직업이랍니다.

만화가

뛰어난 상상력과 그림 실력을 바탕으로 만화를 그려요.
웹 사이트에서 연재하는 만화가는 '웹툰 작가'라고도
불러요.

메이크업 아티스트

드라마와 영화에 출연하는 배우, 사진 모델, 결혼식을
앞둔 신부에게 화장을 해 줘요. 물론 특별한 날 자신을
아름답게 꾸미고 싶은 사람이라면 누구든 예쁘게
만들어 주지요.

무대 미술 감독

공연을 위한 무대를 어떻게 꾸밀지 디자인하고,
실제 무대를 그대로 구현해요.

손재주나 창의력이 뛰어난 사람을 위한 직업

나만의 예술 작품을 만들면, 주변 사람들이 칭찬해 주나요?

상상력을 마음껏 펼치고 싶나요?

어떤 색상과 모양이 잘 어울리는지 알고 있나요?

나중에 이런 일을 할 수 있어요

- 중요한 순간을 사진으로 남기는 일
- 사람들의 기억에 남을 아름다운 반지를 만드는 일
- 신부가 입을 아름다운 드레스를 만드는 일
- 낡은 건물을 새롭게 바꾸는 일을 계획하는 일
- 나무를 자르고 다듬어서 멋진 테이블을 만드는 일

헤어 디자이너

헤어 디자이너는 머리 색과 모양을 맵시 있게 꾸며 주는 일을 해요. 그러려면 고객이 어떤 머리 색을 해야 어울릴지, 어디를 어떻게 잘라야 돋보일지 등을 알아야 하지요. 현재 유행하는 스타일과 새로운 미용 기술 또한 꾸준히 공부해야 한답니다. 어떤 디자이너들은 자기 실력을 뽐내기 위해 미용 대회에 참가하기도 해요.

귀금속 세공원

사람을 아름답게 꾸며 주는 반지나 목걸이 같은 귀금속을 디자인하고 만들어요. 금속, 나무, 돌, 플라스틱 등 어떤 재료를 사용하든 매우 정밀한 작업 실력이 필요하지요. 따라서 섬세한 손재주와 예리한 눈을 가지고 있어야 해요.

플로리스트

플로리스트에게 꽃은 예술 작품을 만들 수 있는 훌륭한 재료예요. 결혼식이나 졸업식 등 특별한 행사를 위해 아름다운 꽃다발이나 꽃 장식을 만들지요. 플로리스트의 손길이 닿은 공간은 생기가 돌고 화사해진답니다.

사진작가

인물이나 동물, 사물 등의 사진을 찍어요. 결혼식 같은 인생의 특별한 날을 사진으로 남겨 주기도 하고요. 사진작가들은 의미 있는 사진을 찍기 위해 먼 여행을 떠나기도 한답니다.

목수

나무로 된 식탁이나 선반을 비롯해 문이나 계단까지 만들어요. 대패나 톱, 연마기, 끌과 같은 도구를 사용하지요.

독립출판사 경영인

색다른 책을 만들고 싶은 사람이 직접 출판사를 차려서 운영해요. 책을 기획해서 파는 것까지 모든 과정을 담당해요.

도예가

점토로 항아리나 접시, 조각상 등을 만들어요. 때로는 작은 장신구도 만들지요.

건축가
뛰어난 상상력과 건축 전문 지식을 사용해서 건물과 건물 내부를 디자인해요. 때로는 거리 전체와 공원을 설계하기도 하지요.

양복사
고객의 요구에 따라 옷을 디자인하고 만들어요. 줄자를 사용해 몸의 치수를 꼼꼼히 재서 고객에게 딱 맞는 옷을 만들어 주지요.

패션 디자이너
옷을 디자인하는 사람이에요. 의류 회사에서 일하거나 자기가 직접 의류 브랜드를 만들어서 활동하기도 해요.

3D 그래픽 디자이너
컴퓨터 프로그램으로 인물이나 사물, 공간 등을 입체감 있게 그려 내요.

음악을 사랑하는 사람을 위한 직업

악기 연주를 좋아하나요?

노래를 부르거나 듣는 걸 좋아하나요?

많은 사람들 앞에 서는 걸 즐기나요?

나중에 이런 일을 할 수 있어요

- 더욱 신나는 파티가 될 수 있게 음악을 틀어 주는 일
- 사람들이 출근하면서 들을 수 있는 인기 있는 노래를 만드는 일
- 초보 기타리스트에게 잘 맞는 기타 줄을 추천해 주는 일
- 금속판 두 개로 천둥소리를 만들어 내는 일
- 수천 명이 관람하는 콘서트의 진행을 책임지는 일

가수

가수는 꾸준히 연습하며 노래 실력을 키워요. 이들은 다양한 악기를 다루는 연주자들과 함께 공연하며 즐겁게 일한답니다. 가수가 되면 텔레비전 프로그램이나 많은 사람이 모인 공연장에서 노래할 수 있어요. 또 자신의 노래를 담은 음반을 발매할 수도 있지요. 노래가 인기를 얻으면 엄청나게 많은 팬이 생겨요!

연주가

특정 악기를 연주하는 실력이 매우 뛰어난 사람으로, 피아노 연주가, 드럼 연주가, 바이올린 연주가 등이 있어요. 다른 밴드와 함께 공연하거나 오케스트라의 일원으로 활동하지요. 또 유명한 연주가들은 단독으로 공연하기도 한답니다.
공연을 위해 전 세계를 돌아다닐 때면, 공연장의 음향과 조명 및 악기 운반을 책임지는 유능한 사람들과 팀을 이루어 함께 움직이기도 해요.

지휘자

지휘자는 오케스트라에서 꼭 필요한 존재예요. 관객들에겐 등을 돌리고 있긴 하지만 말이죠! 연주가들은 지휘자의 지휘에 따라 악기를 연주한답니다. 지휘 외에도 무대 연출과 각색을 책임지기도 하는데, 음악 감독이나 안무가와 함께 일하기도 해요.

작곡가

음악적 상상력과 감정을 아름답게 풀어내어 새로운 음악을 만들어요.

디제이

클럽이나 파티에 어울리는 음악을 고르고, 그 음악을 사람들한테 들려줘요. 디제이는 분위기에 따라 여러 노래를 적절히 섞거나 바꾸기도 하지요.

라디오 음악 프로그램 진행자

라디오 프로그램에서 노래를 선별해서 틀어 주고, 유명한 가수나 연주가를 초대해서 인터뷰하며 음악에 대한 흥미로운 이야기를 들려줘요.

가수 매니저

음악 산업에 대한 이해가 뛰어나야 하고, 함께 일하는 가수에 대해서도 잘 알아야 해요. 가수의 활동을 돕고 음악적 성과가 잘 나오도록 다양한 지원을 해 주지요.

악기점 주인

다양한 악기에 대해 잘 알고 있어서, 고객이 찾아오면 고객과 잘 어울리는 악기를 추천해 줄 수 있어야 해요.

음악 교사

음악을 배우고 싶어 하는 사람에게 음악을 가르쳐 줘요. 피아노부터 바이올린, 성악까지 음악 교사의 종류는 다양하답니다.

효과음 제작자

영화나 드라마 속 효과음을 감쪽같이 만들어 내요. 예를 들어 코코넛 껍질을 맞부딪히면서 달가닥거리는 말발굽 소리를 연출하지요.

음향 엔지니어

영화나 방송 프로그램에서 소리와 영상이 잘 어울리도록 음향 장비를 다뤄요. 또 콘서트를 관람하는 관객들이 무대 위 소리를 잘 들을 수 있게 돕는 일도 하지요.

 스타가 되고 싶은 사람을 위한 직업

규칙적으로 운동하는 것이 즐거운가요?

몸을 움직이면 기분이 좋은가요?

사람들을 재밌게 해 주면 행복하고 뿌듯한가요?

나중에 이런 일을 할 수 있어요

- 관중들 앞에서 오토바이를 타고 불타는 장애물을 뛰어넘는 일
- 세상에서 가장 심술궂은 사람을 웃게 만드는 일
- 아이들이 즐거운 시간을 보낼 수 있게 돕는 일
- 제일 좋아하는 스타를 인터뷰하는 일
- 빈 모자에서 토끼를 꺼내는 마술을 보여 주는 일

무용수

무용수는 춤을 전문적으로 추는 직업이에요. 이들은 공연장이나 클럽, 야외무대, 때로는 카메라 앞에서 춤을 춰요. 그들이 추는 춤의 종류 또한 다양하답니다. 발레, 현대 무용, 궁중 무용 등 순수 예술 계통의 춤부터 탱고, 탭댄스, 힙합까지 춤의 세계는 그야말로 무궁무진하지요. 대중음악에 맞춰 춤을 추는 사람은 흔히 '댄서'라고도 부릅니다.

운동선수

축구 선수, 야구 선수, 역도 선수, 육상 선수 등 운동선수의 종류는 정말 많아요. 운동선수들은 자신이 몸담고 있는 운동을 잘하기 위해 어릴 때부터 굉장히 인내하며 노력하지요. 축구나 야구 같이 팀을 이루어 경기를 뛰는 선수들은 운동 실력 못지않게 협동심과 배려심이 필요하답니다.
최고의 실력을 지닌 운동선수들은 나라를 대표해서 올림픽에 출전하기도 해요.

배우

연기를 펼치는 무대에 따라 영화배우, 연극배우, 뮤지컬 배우, 드라마 배우 등으로 나뉘어요. 좋은 배우는 다양한 역할을 소화하며 관객들을 이야기에 몰입시키고, 그들을 웃고 울게 하거나 많은 생각을 하게 만들지요.
배우가 되기 위해서는 발음과 발성 연습을 해야 해요. 또 자기가 연기할 인물에 대해 철저하게 파악해야 하지요. 실력 있는 배우가 되면 엄청난 인기를 얻을 수도 있어요.

프로그램 진행자

텔레비전 프로그램이나 큰 행사 등을 매끄럽게 진행해요. 사람들을 끌어당기는 특별한 매력과 뛰어난 의사소통 능력을 갖추어야 하지요.

뮤지컬 배우

연기뿐만 아니라 노래와 춤 실력도 뛰어나야 해요. 이들은 수많은 관객들이 지켜보는 무대 위에서 자신의 재능을 뽐내지요.

스턴트맨

영화나 드라마에서 손에 땀을 쥐게 하는 위험한 장면이 필요할 때, 주연 배우를 대신해서 연기해요.

레크리에이션 진행자

가족 행사는 물론 학교나 기업, 단체의 행사에서 오락 프로그램을 기획하고 진행해요.

마술사

관객들은 마술사가 부리는 신기한 마술을 보고 환호해요. 사실은 고도로 훈련된 기술을 능숙하게 보여 주는 것이랍니다.

희극 배우

텔레비전 코미디 프로그램이나 공연장에서 사람들에게 웃음을 주는 연기를 해요. '코미디언'이나 '개그맨'이라고도 부르지요.

마임 배우

표정과 몸짓만으로 연기해요. 마임 배우는 연기할 때 단 한마디도 하지 않지만, 그 어떤 배우보다 더 많은 것을 표현하기도 해요.

유튜버

자신의 전문 분야를 이야기하거나, 다양한 문제에 대해 의견을 전달하는 동영상을 유튜브에 올려요. 또 자신의 일상을 보여 주는 유튜버도 있어요. 사람들이 영상을 많이 볼수록 수익이 커져요.

동물을 사랑하는 사람을 위한 직업

다른 누군가를 돌보는 일이 행복한가요?

살아 있는 모든 생명체를 사랑하나요?

좋은 결과가 나올 때까지 인내심을 갖고 기다릴 수 있나요?

나중에 이런 일을 할 수 있어요

- 깊은 바닷속으로 들어가 문어와 해파리 사이를 헤엄치며 해양 생물들을 연구하는 일

- 시각 장애인을 위한 안내견을 훈련시키는 일

- 사라진 고양이를 찾아 주는 일

- 어린 원숭이, 호랑이, 악어에게 먹이를 주는 일

- 다친 독수리가 다시 날 수 있게 치료해 주는 일

수의사

동물을 무척 좋아해야 할 수 있는 직업으로, 동물들의 건강을 책임져요. 작은 반려동물부터 농장이나 동물원의 큰 동물까지 아프거나 다친 동물을 치료해 주지요. 동물의 몸에 이상이 없는지 검사하고 예방 접종을 하는 것도 수의사의 일이에요. 때로는 어려운 수술을 해 주기도 합니다.

사육사

사육사는 동물이나 곤충을 위해 자신의 많은 시간을 써요. 먹이나 잠자리를 보살피는 것은 물론, 사랑과 애정을 듬뿍 주기도 하지요. 사육사는 닭을 키우는 양계장이나 여러 동물이 사는 동물원, 곤충 농장 등에서 일해요.

야생 동물 사진작가

사람의 손을 타지 않은, 야생 동물의 사진을 찍는 것은 매우 전문적인 일이에요. 카메라를 잘 다뤄야 하는 것은 물론 자기가 찍으려는 동물의 습성을 잘 알고 있어야 하지요. 사진 촬영 중 동물이 도망가지 않게 하려면 조심스러우면서도 민첩하게 움직여야 해요. 어떤 작가들은 멋진 야생 동물 사진을 찍기 위해 전 세계를 여행하기도 한답니다.

야생 동물 재활사
조난을 당하거나 다친 야생 동물을 구조해요. 다시 야생으로 돌아가 잘 살 수 있도록 치료해 주고, 훈련도 시켜요.

동물 보호소 관리인
주인을 잃어버린 동물들을 돌봐 줘요. 동물들이 새로운 가정을 만나 행복하게 살 수 있게 연결해 주기도 하지요.

반려동물 탐정
주인에게 의뢰를 받아서 잃어버린 반려동물을 찾아 줘요. 외국에서 더 알려진 직업인데, 최근에는 우리나라에서도 강아지 탐정이나 고양이 탐정으로 활동하는 사람들이 있지요.

반려동물 미용사
반려동물을 위한 미용실에서 일해요. 주로 강아지와 고양이의 털을 위생적이면서도 예쁘게 다듬어 주지요. 미용 도구도 잘 다뤄야 하고 반려동물에 대해서 잘 알아야 해요.

반려동물 용품점 직원

반려동물 용품점은 반려동물에게 필요한 모든 것을 파는 곳이에요. 사료와 간식, 집, 옷, 장난감, 심지어 유모차까지요! 이곳에서 일하는 직원은 어떤 동물에게 무엇이 필요한지 잘 알고 있어야 해요.

동물원 사육사

동물원에 살고 있는 여러 동물들을 돌봐요. 먹이를 주거나 집을 청소하고, 동물들의 건강과 행복도 살피지요.

해양 생물학자

바다에 사는 생물들을 연구해요. 때로는 연구를 위해 깊은 바닷속을 탐험하기도 하지요.

안내견 훈련사

눈이 보이지 않는 시각 장애인이나 귀가 들리지 않는 청각 장애인의 생활을 도와주는 안내견을 전문적으로 훈련시켜요.

자연을 아끼고 사랑하는 사람을 위한 직업

지구의 미래를 중요하게 생각하나요?
사람들이 지구를 아끼고 사랑하기를
간절히 바라나요?

지구상의 식물과 암석,
항상 변화하는 날씨에 관심이 많나요?

나중에 이런 일을 할 수 있어요

- 환경을 사랑하는 사람들과 함께 활동하는 일
- 더 많은 알이 맺히는 옥수수를 재배해 굶주리는 아이들을 돕는 일
- 호수에 버려진 독성 물질을 발견하고 고발하는 일
- 환경에 대한 다큐멘터리를 만드는 일
- 박물관에서 거대한 티라노사우루스의 뼈를 관람객들에게 소개하는 일

아름다운 자연을 사랑하나요?

식물학자

식물을 자세히 연구하고 기록하는 식물학자의 연구는
실험실은 물론 자연에서도 이루어져요. 높은 산이나
사람의 손이 닿지 않은 아프리카의 원시림,
광활한 초원 지대까지 갈 수 있지요.
식물학자가 하는 일은 인간의 삶에 매우 중요해요.
식물이 있어야 지구가 살아 숨을 쉬거든요.

기상 연구원

지구의 대기와 그 안에서 일어나는 모든 현상을
연구해요. 기상청이나 기상 연구소 등에서 근무하며
며칠, 몇 주, 몇 달 뒤의 날씨까지 예측한답니다.
기상 연구원의 연구 결과는 텔레비전의 일기 예보나
날씨 앱에서 확인할 수 있어요.

환경 보호 활동가

사람이 자연에 입힌 모든 피해와 맞서 싸우는 전사들이에요.
또 다양한 전문가들과 함께 지구를 어떤 방법으로 지켜야 하는지
고민하지요. 숲과 바다에 버려진 쓰레기를 줍거나 강을 깨끗하게
되살리는 활동에 앞장서기도 하고요.
환경 보호 활동가는 대부분 국내 혹은 세계를 무대로 활동하는
환경 단체에 소속되어 있답니다.

숲 해설사

수목원이나 자연 생태 공원, 자연 휴양림을 찾는 탐방객들에게 숲과 자연, 식물과 동물에 대해 알려 주는 직업이에요.

지질학 연구원

지구상에 존재하는 다양한 암석과 토양, 지형 및 고생물 등을 조사하고 연구해요. 이들의 연구는 지하자원 개발과 국토 개발에도 도움을 준답니다.

산림 관리자

숲이 건강하고 튼튼할 수 있도록 관리하는 전문가예요. 때로는 다치거나 병든 나무를 보살펴 주기도 하지요.

수리학자

물을 전문적으로 연구하는 사람이에요. 물이 어떻게 흘러가고, 어떤 성분으로 이루어져 있는지, 땅 모양에 따라 얼마나 많은 물을 저장하고 있는지 등을 연구해요.

식물 유전학자

농작물의 유전자를 연구해요. 사람들이 원하는 조건에 맞춰서 좋은 영양소는 더하고 병충해나 기후 변화에 강한 식물을 개발하지요.

국립공원 지킴이

국립공원의 자연과 시설을 관리해요. 관광객들이 꽃을 꺾거나 쓰레기 버리는 것도 막지요.

자연사 박물관 큐레이터

자연사 박물관의 전시를 기획하고 홍보하는 일을 해요. 관람객들에게 전시품에 대해 설명해 주고 다양한 교육 프로그램을 진행하기도 하지요.

환경 교육 강사

환경과 기후 변화에 대해 알려 주고, 일상생활에서 환경을 지킬 수 있는 방법을 알려 줘요. 때로는 나무 심기 체험이나 쓰레기 재활용 교육 등 다양한 체험 활동을 진행하지요.

다른 사람을 돕고 싶은 사람을 위한 직업

수수께끼 푸는 것을 좋아하고, 어려운 일에 도전하기를 즐기나요?

결정을 빠르게 내리고, 긴박한 상황에서도 침착한가요?

약한 존재를 도와주는 일이 행복한가요?

나중에 이런 일을 할 수 있어요

- 죄가 없는 사람이 법정에 섰을 때 변호하는 일
- 사고가 나서 다친 사람이 회복할 수 있게 돕는 일
- 거동이 힘든 할머니를 위해 장을 보고 요리해 주는 일
- 집에 불이 났을 때 재빨리 끄는 일
- 뻔뻔한 도둑을 잡는 일

경찰관

도움이 필요한 시민이 있는 곳이면 어디든 출동하는 경찰은
우리의 든든한 영웅이에요. 도시의 안전을 지키는 생활 안전 경찰,
사건을 조사하고 범죄자를 잡는 경찰 수사관, 교통을 안전하게
관리하는 교통경찰, 바다에서 일하는 해양 경찰, 범죄의 특성을
분석하고 범인을 추적하는 프로파일러, 인터넷 범죄를 담당하는
사이버 수사대 등 경찰이 활동하는 범위는 굉장히 다양하답니다.
예리한 판단력와 순발력이 필요하며, 반드시 사명감이 있어야 해요.

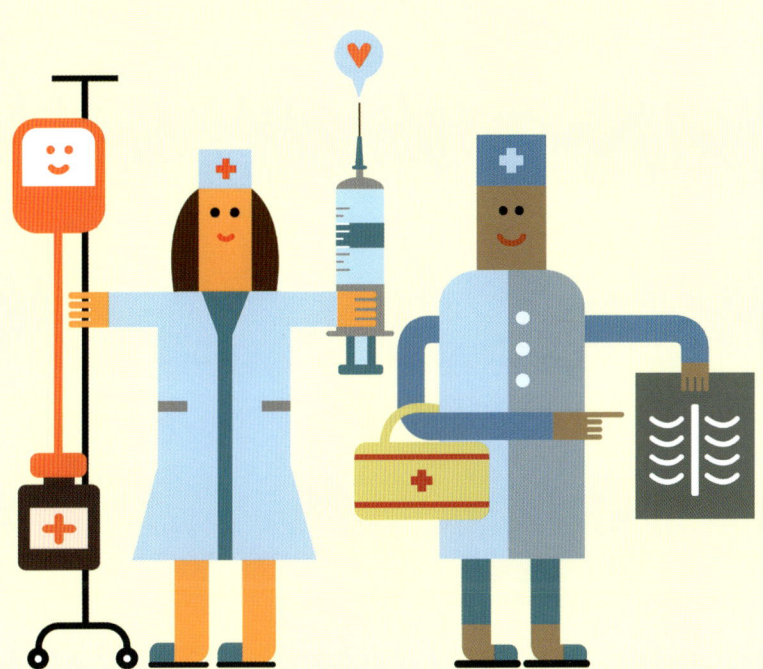

의사, 간호사

아프고 다친 사람이 건강을 되찾게 도와주는
직업이에요. 입원실이 있는 병동이나 응급실,
외래 환자가 찾는 진료실 등에서 일하지요.
의사는 병을 진단하고 치료를 결정하며, 때에 따라서는
수술을 하기도 해요. 간호사는 의사의 진료나 수술을
돕고, 환자를 돌봐요.

사설탐정

만화나 영화에서 많이 등장하는 탐정은 실제로
존재하는 직업이에요. '민간 조사원'이라고도 불리며,
개인이나 기업, 변호사의 의뢰를 받아 사건을 조사하고
증거를 수집하지요. 두뇌 회전이 빠르고 추리 능력이
좋아야 하며 두려움이 없는 성격이 이 일을 하는 데
유리해요.
우리나라보다는 미국과 영국에서 흔한 직업이고,
우리나라에서는 2020년부터 정식 직업으로
인정되었어요.

변호사

개인이나 단체의 요청을 받아서 법률 상담을 해 주거나, 법정에서 의뢰인을 변호해요. 기업에 소속된 변호사는 법적 문제가 생기지 않도록 계약서를 검토해 주기도 하지요.

보안 경호원

큰 기업이나 백화점, 미술관, 공연장 등에서 일해요. 이들은 힘이 세고 두뇌 회전이 빠르며 움직임이 재빨라야 해요. 그래야 말썽 피우는 사람을 제지할 수 있거든요.

특수 학교 교사

신체적, 정신적 장애가 있어 특별한 교육이 필요한 학생들을 가르치고 돌보는 일을 해요.

상담 심리사

상담을 통해 심리적인 문제로 힘들어하는 사람이 해결책을 찾을 수 있게 도와줘요.

요양 보호사

치매나 중풍 같은 병을 앓고 있어서 일상생활이 힘든 노인들의 생활을 도와요. 때로는 말동무가 되어 주기도 하지요.

소방관

소방관은 생명이나 재산을 보호하기 위해 화재나 홍수와 같은 위급한 현장에 즉시 출동할 준비가 항상 되어 있어요.

물리 치료사

운동과 기구, 마사지를 통해 환자의 몸이 건강해지게 도와줘요.

개인 간병인

사고나 병으로 혼자 움직이기 힘든 환자를 돌봐요. 식사를 챙기고 깨끗하게 씻는 일이나 재활 훈련을 도와주지요.

사람들과 만나는 것을 좋아하는 사람을 위한 직업

누군가에게 새로운 것을 가르쳐 주는 게 즐거운가요?

당신의 노력이 뚜렷한 성과로 보이는 게 뿌듯한가요?

사람들을 살피고 돌보는 것이 좋은가요?

나중에 이런 일을 할 수 있어요

- 지구 반대편에 사는 사람들을 연결해 서로 친구가 되게 하는 일
- 비행기 안에서 겁에 질린 승객을 안심시키는 일
- 자선 음악회를 준비하는 일
- 어떤 일에 적합한 사람을 찾아 채용하는 일
- 교통사고를 당한 사람의 생명을 구하는 일

교사

학생들에게 교과 지식뿐만 아니라 바른 인성과 태도를 가르쳐요. 다른 사람과 소통하는 능력이 뛰어나야 하며, 복잡한 내용도 알아듣기 쉽고 재미있게 설명할 수 있어야 하지요. 또한 학생의 말을 귀담아듣고 문제가 생기면 해결할 수 있어야 합니다.
교사는 학생이 자기에게 맞는 직업을 선택할 수 있도록 도움을 주기도 해요. 훌륭한 교사가 되면 학생들이 자연스럽게 믿고 따를 거예요.

오페어

조금 낯설게 들리는 '오페어'는 미국, 호주, 캐나다, 독일 등 많은 나라에서 볼 수 있어요. 외국에 나가 그 나라의 가정에서 거주하면서 아이들을 돌보는 일을 하지요. 아이들의 학교 공부를 돕고, 재미있는 놀이를 함께하며, 여행에 데려가기도 해요.
아이를 좋아하고 모험을 두려워하지 않으며, 책임감 있는 사람에게 어울리는 일이에요. 이 일을 하다 보면 외국어 실력이 늘고 다양한 경험을 쌓을 수 있지요. 우리나라에서도 오페어에 도전하는 사람들이 점차 늘고 있답니다.

갤러리스트

갤러리는 미술품을 전시하고 판매하는 곳이에요. 갤러리스트는 이 갤러리를 운영하거나 미술 관련 업무를 담당하는 사람이에요.
갤러리스트가 되려면 미술사나 미학에 대한 공부를 하고, 좋은 작품을 알아보는 안목을 길러야 한답니다. 몇몇 갤러리스트들은 유명한 화가의 작품보다 현대적인 시각으로 새로운 재능을 펼치는 신인 화가의 작품을 선호하기도 해요.

통역가

각각 다른 언어를 사용하는 두 사람이나 단체 사이에서 대화가 서로 통할 수 있게 번역해 줘요. 외국어 실력은 물론 순발력이 뛰어나야 하지요.

마트 판매원

대형 마트에서 일하며 여러 가지 물건을 팔아요. 자기가 팔 물건을 보기 좋게 진열하고, 고객에게 상품에 대해 잘 설명해 줄 수 있어야 해요.

항공기 승무원

비행기에 탄 승객들이 편안하고 안전한 비행을 할 수 있게 도와줘요.

레스토랑 매니저

요리사와 웨이터, 홀 담당 직원 등 레스토랑에서 일하는 직원을 관리해요. 손님들이 만족해서 다시 레스토랑을 찾을 수 있도록 최고의 서비스를 제공하지요.

여행 가이드

관광객들을 궁궐이나 대저택, 국립공원, 유원지, 맛집 등으로 안내해요.

출판 제작자

출판사에서 일하면서 책의 제작과 관련된 부분을 관리하고 책임져요. 하나의 책이 출간되기까지 출판 편집자와 디자이너, 인쇄 담당자 등 각 영역의 전문가들과 끊임없이 소통해야 해요.

기업 인사 담당자

회사에서 새로운 직원을 뽑고 교육을 담당해요. 또 직원들 사이에서 발생하는 문제를 해결하기도 한답니다.

응급구조 전문 상담원(119 상담원)

응급 환자가 생기면 119로 전화해요. 119 상담원들은 재빨리 상황을 파악하고, 어떻게 응급 처치를 해야 하는지 알려 줍니다. 그리고 신속하게 구급 대원들을 보내 주지요. 늘 침착함을 유지해야 하며, 응급 의학에 대한 지식도 풍부해야 해요.

요리와 음식을 좋아하는 사람을 위한 직업

다양한 맛을 구별할 수 있고, 새로운 요리 만드는 걸 좋아하나요?

손재주가 좋고 인내심이 강한가요?

나중에 이런 일을 할 수 있어요

- 우리나라 사람은 아무도 모르는 식재료를 소개하는 일
- 세계 각지의 맛있는 빵을 굽는 일
- 김치로 젤리를 만드는 등 누구도 먹어 보지 못한 특별한 요리를 개발하는 일
- 전 세계를 돌아다니며 맛있는 것을 먹고, 그것을 블로그에 소개하는 일
- 다른 요리사에게 요리를 가르치는 일

좋은 식재료로 만든 맛있는 음식이 사람들을 행복하게 해 준다는 것을 알고 있나요?

제과사

세상의 모든 달콤한 디저트들을 만드는 제과사는
'파티셰'라고도 불러요. 이들은 조리법을 정확히 지키면서도
자신만의 독창적인 디저트를 만들어 내기도 해요.
기본 빵이나 과자를 굽는 것 외에 파이 속 달콤한
크림이나 케이크 장식도 만들지요.
달콤한 걸 좋아하면서 손재주와 창의력이 뛰어난 사람이
이 일을 하기 좋아요.

농부

농부는 씨앗이나 모종을 심어 각종 곡물과 채소를
재배하고 판매해요. 농작물이 잘 자라도록 비료를
주고 해충을 막기 위해 농약을 뿌리기도 하지요.
우리는 마트나 시장에서 농부들이 수확한 싱싱한
먹거리를 만날 수 있어요. 우리의 건강은 농부의 손에
달려 있기도 하답니다.

요리사

재료 준비부터 조리까지 음식을 만드는 모든
과정을 담당해요. 요리사는 직접 식당을
운영하기도 하고, 크고 작은 식당이나
호텔에서 일하기도 해요.
전문적인 교육을 받은 요리사도 있지만,
자기만의 노하우를 스스로 터득해서
요리사가 되는 경우도 있답니다.

음식 블로거

음식 사진을 찍고 글을 써서 자신의 블로그에 올려요. 많은 지역을 여행하면서 맛있는 음식을 먹고 그 가게를 소개하는 '맛집 블로거'도 있지요.

푸드 스타일리스트

잡지나 광고 영상 속 먹음직스러운 음식의 모습을 연출해요. 어울리는 식기와 적절한 소품을 사용해서 그 음식을 돋보이게 하지요.

푸드 트럭 운영자

트럭에 식당을 만들어 운영하는 사람이에요. 축제나 관광지, 전통 시장이나 동네 곳곳을 돌아다니며 음식을 팔아요.

제빵사

먹음직스러운 다양한 빵을 만드는 사람이에요.

분자 요리사

평범한 재료를 화학적인 조리법을 이용해 맛과 식감이 완전히 다른, 새로운 요리로 만들어요. 마치 마법사처럼요! 호기심이 많고 독창적인 사람에게 어울리는 직업이에요.

총주방장

호텔이나 뷔페 같은 규모가 큰 식당의 주방을 책임지는 사람으로, '셰프'라고도 불러요. 주방의 모든 요리사를 지휘하며 식재료와 청결 상태를 점검하지요.

식재료 전문가

좋은 식재료를 찾아서 전국 방방곡곡을 누비거나 세계 각지를 여행해요. 좋은 식재료 고르는 방법부터 각 재료의 맛과 특징에 대해 잘 알고 있지요.

식품 회사 개발 연구원

식품 회사에서 일하는 이들은 다양한 재료와 조리법을 시도하며 새로운 메뉴를 연구해요. 많은 사람에게 사랑받는 제품을 만들게 되면 뿌듯함을 느끼지요.

찾아보기

3
- 3D 그래픽 디자이너 33
- 3D 지도 개발자 9

ㄱ
- 가수 35
- 가수 매니저 36
- 간호사 51
- 개인 간병인 53
- 갤러리스트 55
- 건축가 33
- 게임 개발자 8
- 경찰관 51
- 고고학자 19
- 고생물학자 21
- 과학 수사관 19
- 과학관 해설사 16
- 교사 55
- 교정자 25
- 국립공원 지킴이 49
- 굴삭기 기사 13
- 귀금속 세공원 31
- 기상 연구원 47
- 기업 인사 담당자 57
- 기자 23

ㄴ
- 네트워크 관리자 8
- 농부 59

ㄷ
- 대본 작가 24
- 도예가 32
- 독립출판사 경영인 32
- 동물 보호소 관리인 44
- 동물원 사육사 45
- 디자이너 27
- 디제이 36

ㄹ
- 라디오 음악 프로그램 진행자 36
- 레스토랑 매니저 56
- 레크리에이션 진행자 40
- 로봇 설비 엔지니어 12
- 로켓 공학자 15
- 로켓 기술자 17

ㅁ
- 마술사 41
- 마임 배우 41
- 마트 판매원 56
- 만화가 29
- 메이크업 아티스트 29
- 목수 32
- 무대 미술 감독 29
- 무용수 39
- 물리 치료사 53
- 뮤지컬 배우 40
- 미국 항공우주국 직원 17

ㅂ
- 반려동물 미용사 44
- 반려동물 용품점 점원 45
- 반려동물 탐정 44
- 배우 39
- 번역가 25
- 변호사 52
- 보안 경호원 52
- 복원 전문가 28
- 북 디자이너 28
- 분자 요리사 61
- 분장사 27

ㅅ
- 사서 24
- 사설탐정 51
- 사운드 디자이너 9
- 사육사 43
- 사진작가 32
- 산림 관리자 48
- 상담 심리사 52
- 서점 주인 23
- 선장 11
- 소방관 53
- 수리학자 48
- 수의사 43
- 숲 해설사 48
- 스턴트맨 40
- 시스템 운영 관리자 7
- 식물 유전학자 49
- 식물학자 47
- 식재료 전문가 61

식품 회사 개발 연구원 61
신재생 에너지 연구원 20

ㅇ

악기점 주인 37
안내견 훈련사 45
앱 개발자 9
야생 동물 사진작가 43
야생 동물 재활사 44
약학 연구원 20
양복사 33
여행 가이드 57
역사학자 21
연주가 35
오페어 55
요리사 59
요양 보호사 53
우주 비행사 15
우주 식량 연구원 16
우주 생물학자 16
우주복 디자이너 16
운동선수 39
웹 디자이너 8
유전학자 21
유튜버 41
음식 블로거 60
음악 교사 37
음향 엔지니어 37
응급구조 전문 상담원(119 상담원) 57
의사 51
인공위성 개발자 17
인플루언서 9
일러스트레이터 28
임상 병리사 20

ㅈ

자동차 경주 미케닉 12
자동차 디자이너 13
자동차 영업원 12
자연사 박물관 큐레이터 49
작가 23
작곡가 36
정보 보안 전문가 8
정비사 12
제과사 59
제빵사 60
지질학 연구원 48

지휘자 35

ㅊ

천문학자 15
천체 관측가 17
철도 기관사 11
총주방장 61
출판 제작자 57
출판 편집자 24

ㅋ

카드 문구 작가 25
카피라이터 24
캘리그라퍼 28
컴퓨터 그래픽 애니메이터 7
컴퓨터 프로그래머 7

ㅌ

타투이스트 29
통계학자 21
통역가 56
특수 학교 교사 52

ㅍ

파워 블로거 25
패션 디자이너 33
푸드 스타일리스트 60
푸드 트럭 운영자 60
프로그램 진행자 40
플로리스트 31

ㅎ

항공 교통 관제사 13
항공기 승무원 56
항공기 정비사 13
항공기 조종사 11
해양 생물학자 45
해양학자 20
헤어 디자이너 31
화가 27
화학자 19
환경 교육 강사 49
환경 보호 활동가 47
효과음 제작자 37
희극 배우 41

하나 모크로쇼바 글
체코의 작고 사랑스러운 마을에서 태어났습니다. 어린 시절부터 책과 글쓰기를 좋아했고,
그래픽 전시회와 도서 박람회에 가는 걸 좋아합니다.

파블라 하나치코바 글
체코 출신으로 포도밭으로 둘러싸인 그림 같은 마을에서 태어났습니다. 어릴 때부터 책을 정말 좋아했고,
항상 글을 쓰고 싶었습니다. 어린이 문학 편집자로도 일했습니다.

헬레나 하라슈토바 글
번역가이자 문학 편집자로 일하고 있으며, 어린이를 위한 연극을 집필하기도 했습니다.
그녀의 가장 특이한 취미는 모든 종류의 철자와 문법 오류를 잡아내는 것입니다.

엘레나 포카레바 그림
러시아 출신 일러스트레이터로 지금은 체코에서 활동하고 있습니다. 그녀는 가족이나 음악, 자연, 사랑, 우정 등
다양한 것에서 영감을 받습니다. 예술과 색채, 일러스트레이션을 정말 사랑합니다.

송선인 옮김
대학에서 통계학과 경제학을 전공했습니다. 가장 행복하게 잘할 수 있는 일을 찾아
번역가의 길로 들어섰습니다. 옮긴 책으로 『아무것도 하지 않고도 모든 것을 얻는 법』
『수학의 참견』 『1시간 만에 끝내는 기본 확률과 통계』 등이 있습니다.

The Wonderful World of Jobs

© B4U Publishing 2022, member of Albatros Media Group
Author: Hana Mokrošová, Pavla Hanáčková, Helena Haraštová, Illustrator: Elena Pokaleva
www.albatrosmedia.eu
All rights reserved.
Translation rights arranged through Orange Agency
Korea translation © Gilbutschool Publishing Co., Ltd., 2023

이 책의 한국어판 저작권은 Orange Agency를 통한 B4U Publishing과의 독점계약으로 길벗스쿨에 있습니다.
저작권법에 의해 한국 내에서 보호를 받는 저작물이므로 무단전재와 무단복제를 금합니다.

나의 꿈을 찾아 떠나는 다양한 직업의 세계 150
세상의 모든 직업

초판 1쇄 발행 2023년 3월 24일
글쓴이 하나 모크로쇼바, 파블라 하나치코바, 헬레나 하라슈토바 | **그린이** 엘레나 포카레바 | **옮긴이** 송선인
발행인 이종원 | **발행처** 길벗스쿨 | **출판사 등록일** 2006년 6월 16일
주소 서울시 마포구 월드컵로 10길 56(서교동) | **대표전화** (02)332-0931 | **팩스** (02)323-0586
홈페이지 school.gilbut.co.kr | **이메일** gilbut@gilbut.co.kr
기획 및 책임편집 김언수 | **디자인** 이현숙 | **제작** 이준호, 이진혁, 김우식 | **영업마케팅** 진창섭, 강요한, 지하영
영업관리 정경화 | **독자지원** 윤정아, 최희창 | **CTP출력 및 인쇄** 상지사 | **제본** 상지사

잘못 만든 책은 구입한 서점에서 바꿔 드립니다.
이 책은 저작권법에 따라 보호받는 저작물이므로 무단전재와 무단복제를 금합니다.
이 책의 전부 또는 일부를 이용하려면 반드시 사전에 저작권자와 길벗스쿨의 서면 동의를 받아야 합니다.

ISBN 979-11-6406-510-3 (73300) | (길벗스쿨 도서번호 200360)